송홧가루 언덕

송홧가루 언덕

이원문 시집

책나무출판사

목차

1부

2부

3부

4부

• 1부 •

억새꽃 길

억새밭 위 흰 구름
어디로 가는지
걷다 보면 조금 더
더 멀어지고
더 먼 길의 억새꽃
하얀이 눕는다

얼마쯤 걸었나
억새꽃의 이 하얀 길
미련에 돌아 보면
일어설 듯 다시 눕고
쓸쓸히 부는 바람
그 옛날 찾는다

단풍의 시간

그렇게 나온 움
그 봄날에 여름날
이 계절을 알았겠나
가을에 드러난 잎
병으로 얼룩지고
병들어도 군데 군데
벌레의 옛 시간들

이제 단풍으로
떨어지면 그만인 것을
병든날에 빼앗긴 날
캄캄한 밤하늘
그 시간 모두 빼면
며칠의 낮이 될까
서리에 추우니 그것도 그만

떨어지면 그 떨어진 잎
바람이 굴릴 것이고
그러다 쌓이면 모두가 끝
끝이어도 다시 굴러

모은 곳에 눈 덮히니
마지막 모두가 끝이 아닌가
그렇게 왔다 그렇게 갈 것을

가을 꽃

깊어 가는 가을
마음은 젊은데
몸은 왜 이리
늙어만 가는지
늙었어도 젊은 마음
꿈에서나 찾을까

찍어 발라 문지르고
잡아 당겨 펴 보고
펴 보니 펴지나
문지르니 윤이나나
종이 살갗에 느는 줄음
무엇으로 막을까

올린 머리 내려도
그것도 아니고
거울 앞에 맡긴 마음
그러면 젊어질까
늙음에 보는 거울
세월 앞에 부끄럽다

그 한 번 젊은 모습
거울 뒤에 숨었을까
어제 찾아 보는 거울
내 모습 어디갔나
구겨놓은 그 세월
그 얼룩만 밤이다

억새풀의 고향

다랑이논의 논 둑으로 밭 둑으로
그 억새풀 없는 곳이 어디에 있겠나
욕심의 풀 한 줌에 가을을 모르고
손 베일까 긁힐까
귀찮게 베었던 그 억새풀이었는데

그 봄날에 여름이면
조심스레 꼭 잡아 베었던 풀이였고
이 가을날 하얀히 하얀 꽃으로
그 억새꽃 잊으며 살아온 타향인가
이제야 그 하얀꽃 다시 쓸어 안어 본다

옛 기억 더듬어 처음 쓸어 안어 보던 날
부끄럽던 그 느낌을 어떻게 말을 할까
지금은 그 억새꽃에 마음 빼앗기고
추억에 남아 있는 아련한 그리움까지
그 시절 찾고 싶어 다시 쓸어 안어 본다

뒷산길의 가을

내려 오며 보는 들
벼 이삭으로 가득 차 있고
바라만 보아도 배부르던 날
노을에 저무는 길 안은 바람 차가웠다

그 잠깐 며칠일까
귀뚜라미 울음 잦아 들더니
논 바닥 드러난 메뚜기의 고향
언저리의 억새꽃만 이리 저리 누웠다

드러난 바닥의 들
보는 곳마다 허전한 마음
바라만 보아도 배고프던 날
저문 길에 찬바람만 옷깃에 스쳐 갔다

맘마의 노을

시간만 아는 우리 아가
그 세월을 알겠나
늦둥이에 떠난 에비
이 가을이 시렵구나

세월이 시려운가
몸이 추운가
업은 아이 칭얼대니
논 바닥도 차갑구나

담근 발 시려워
올려 보는 하늘
저 구름 들어오면
더 시려울 것인데

빈 소쿠리 안 벼이삭
언제 다 채울까
어제 그제 주운 이삭
쌀 됫박이나 나올까

칭얼대다 잠든 아이
허리춤에 걸리고
적신 허리 척척 하니
무엇으로 갈아주나

날 저문 저녁바람
그만 가라 쫓는 논
시려운 발 떼어놓으니
서산 자락 어둡구나

첫 서리의 언덕

가을 깊어라
들국화 추워 어떻게 하나
한낮 바람 불어 억새꽃 눕고
방황의 벌 들국화 언덕 찾는다

그 향기 가득
양지녘의 들국화
눕는 억새꽃의 기다림인가
억새꽃에 부는 바람 그 향기 쓸어간다

그리워라
들국화의 외로움
향기 가득 들국화 억새꽃 바라보고
눕는 억새꽃 들국화 바라본다

단풍의 그리움

다음이 없는 그날
잃어야 하는지
고향 뒷산 그 단풍
그저 울긋불긋 할까

깊은 가을 이맘때면
곱게 물들어었는데
잡목의 그 단풍들
기억의 그 단풍들

단풍나무는 아니어도
그 못지 않게 예뻤고
이 잎 저 잎 모은 단풍
색색이 더 예뻤다

크고 작은 예쁜 단풍
어느 잎이 더 예뻤나
벌레의 흔적까지
그 추억에 묻는다

아내의 가을

먼 발치의 아내
무엇을 저리 바라보나
내가 부르면 멈칫 놀랠 것인데
창 넘어에 한 그루의 단풍나무
그 담 밑에 국화 송이 담 오른 담쟁이

그리고 시드는 채송화 봉숭아뿐
무엇이 있어 저리 바라보나
지나온 그 날은 마음 속에 있을 것이고
친정의 가을일까 그 삶의 가을일까
거짓에 붙들린 아내의 인생을 읽는다

고향의 향기

눈으로 보고 느낌으로 맡는 내음
눈 안의 그 향기를 어찌 잊을까
이 가을 가는 곳마다 다녔던 곳의 기억들
풀 내음 꽃 내음 그날까지 찾아든다

한 겨울은 안 그런가
어머니 바느질에 석유 등잔의 석유 내음
꺼멓게 굽는 화롯불의 그 고구마 내음
김 서린 부엌부터 굴뚝의 연기 내음까지

단풍의 이 가을날
고향 먼 산에 걸쳐지고
먼 옛날 그 시절에 풍겨 오는 고향의 내음들
이 가을 양지 위 구름 위에 얹는다

방랑의 가을

바람 쓸쓸히
내일이 없는 인생
산 넘어 산 어디로 가야 하나
꿈 묻은 짚까리 두고 까치 짖어 나서는 길

허기진 아침
밥 한술에 서롭다
오늘도 그 하루 더 가야 하나
어느새 저무는 길 서산 마루 해 떨어진다

낙엽의 일기

놓고 놓으라는
소스리 바람의 알림인가
아니 불던 바람 나뭇잎 흔드니
먼 산 단풍 울긋불긋 봉우리부터 지워진다

아래로 내려와
산자락 단풍 지워놓으면
그 다음 울 밑 감나무 흔들을까
다 떨어져 굴리면 그 낙엽 어디로 가야 하나

세월의 그 시간
춥고 더웠던 그날들인가
이제 곧 설한에 눈으로 덮히면
다음이 없는 세상 놓은 나뭇가지는 알려나

누더기의 가을

음지가 시려워
양지 찾아 앉으니
먼 산 멀리 외로움
산 넘어 멀어진다

들어 오는 저 먹구름
양지 지워 추우면
추운 양지 바람 불어
낙엽 굴릴 것인데

지워진 양지 음지
빗방울에 돌아서니
찾은 담 그 곳까지
낙엽 굴러 따라 온다

낙엽의 그날

곤두박질의 낙엽들
단풍의 그 며칠 이 시간이 지우나
드러나는 나뭇가지 앙상하니 쓸쓸하고
떨어진 낙엽 발에 밟혀 깨어진다

구르다 머물고 또 구르고
쌓여도 바람 불면 다시 구를 낙엽들
이리 저리 굴러 굴러
어느 곳에 쌓일까

굴리고 모으는 바람
멎지 않는그 바람은 알고 있을까
비라도 내리면 추워 어쩌나
낙엽의 그 세월 모두가 가엾다

세월의 양지

음지가 시려 양지 찾아 비켜서니
찾은 양지 바람 불어 세월에 시렵다
이 홋껍데기에 찾은 곳
바람 막힌 곳이 어디에 있을까

찾아도 없는 곳 낙엽 굴러 들어오고
가을도 인생도 해 기울 듯 저문다
아침 나절 첫 얼음 무엇을 준비 했나
돋는 싹 죽는 잎 무엇을 준비 하고

돋는 싹과 같은 마음
죽는 잎에 주눅드니
둘러 보는 몸뚱이 성한 곳이 없다
저 돋는 싹 눈 덮혀도 다음이 있으렴만

늘어져 죽는 잎의 그 다음은 어디인가
머리 위의 구름도 구르는 낙엽도
무엇을 가르치려 산 넘고 굴러 오는지
비켜 앉은 양지 구름이 가린다

낙엽의 노을

지는 해에 저녁 노을
두른 옷 더 얇고
밤이면 그때 처럼
종이 얼음 깔린다

그 늦 가을의 찬서리
두꺼워도 얇아진 옷
이맘때면 그렇게
종이 얼음까지 깔리는지

맞바람 불어대면
우수수 떨어지는 낙엽들
장독대 틈 우물둥치
안 쌓인 곳이 없었고

겨울 걱정의 어머니
장독대에 그 얼음 걷어내던 날
장 항아리 빈 항아리
근심에 더 들여다 보았다

낙엽의 시간

낙엽 긁어
태웠더니
연기 되어
하늘로 오르고

남은 재
헤치니
흙과 함께
섞이더라

첫 얼음의 부엌

철새 떠나는 줄 모르고
그 무더웠던 여름
덥다 하는 여름이
이렇게 잠깐이었나

아궁이에 불 짚히니
덥던 부엌 따뜻하고
타 들어가는 부지갱이
한 세월 접는다

땀 흐르는 여름날
가을은 그런데로 시원 했는데
이제 칼바람에
눈 쌓이면 어떻게 하나

먹을 것에 나무 걱정
옷 달라 하는 아이들
아궁이만 아는 근심
솥뚜껑에 김서린다

시월의 미련

이렇게 쉬운 것이
세월인 것을
다시 없을 가을 처럼
마음부터 쓸쓸하고
그 마음 빼앗느라
바람까지 불어댄다

쉽게 놓은 나뭇가지
낙엽의 그 시간을 알고 있는지
시월의 끝자락 그것도 마지막 날
산허리의 곱던 단풍
바람이 벗겨 하루가 다르고
떨어지는 낙엽마다 길을 잃는다

이제 마지막 날
이 시월의 마지막 날인가
얼마 전 끝자락에는
다음 날이 있었는데
그 마저 잃어야 할 몇시간의 이 시월
곤두박질의 낙엽마다 바람이 굴린다

그날의 11월

조금 남은 늦 가을 며칠이 될까
들어선 11월 나뭇잎 털어대고
한 차례 비 오면 더 떨어지겠지

며칠 후 그 며칠 나뭇가지 드러나면
가지 놓친 그 낙엽들 얼마를 구를까
구르다 못 구르면 땅 바닥 긁어대고

바람이 알리는 아침 저녁의 서릿발
드러난 논바닥들 그 아이를 기억하는지
벼 이삭 줍던 아이의 그 슬픈 날들을

바람 싸늘히 얼마나 추웠을까
주운 벼 이삭 얼만큼을 주웠고
한 많은 벼 이삭 그 아이 찾는다

• 2부 •

낙엽의 옛날

겨울 문턱의 11월
얼마 있어 추울까
며칠의 늦 가을
바람 쓸쓸히
옷깃에 스며들고

떨어진 낙엽마다
디딘 발에 밟힌다
차라리 구르면
밟히지 않을 것을
작은 바람이어 구르지 못했나

단풍잎은 아니어도
더 예쁜 줄 무늬들
낙엽의 그 시간인 듯
이 마음의 옛날도
주운 낙엽에 모두 묻는다

외로운 가을

낙엽 한 두잎
힘 없이 떨어지고
떨어진 낙엽
엎어져 밟힌다

그래도 봄은
찔레꽃에 새소리
여름날 찾은
뻐꾹새의 울음

이 늦 가을의
오르는 기슭에는
그마저 없고
적막에 떨어진

낙엽 소리의
그 소리만 들린다
저무는 가을
저물면 그런가

빨간 열매에
찔레꽃의 그날들
늦 가을 기슭
하루가 저문다

계절의 기억

잊혀진 여름날에
빨간 봉숭아
손톱의 그날을 어찌 잊을까

하얀 찔레꽃의
그 날은
봄의 것이었고

뒷산 단풍에
낙엽은
가을의 것이었다

찾아간 억새꽃 언덕
늙는 억새꽃은
누구의 것이었나

바람의 억새꽃
그 언덕 찾아
다시 오른다

낙엽의 고향

여름날 파란히
그늘 되었던 나뭇잎
울 밑으로 마당으로
얼마나 시원 했나
덥다 했던 여름이었고

떠난 여름의 찬 바람
며칠의 곱던 단풍
그 가을도 더 깊던 날
여디는 가을 끝자락
낙엽 우수수 나뒹굴었고

쓸어 모으면
또 떨어지는 낙엽들
우물둥치 장독대로
안 쌓인 곳이 어디에 있나
그 귀찮어 했던 낙엽이었는데

미운 노을

흐려진 약속
낙엽 우수수
만나면 어떻게 하나
무엇을 말을 하고
어떻게 해야 하나
미운 사랑 만나는 길
낙엽 발에 밟힌다

그날 처럼 설레임
그리워도 했었다
어제밤 지새우며
옛날도 찾았다
만나면 어떻게 하나
차라리 다 지우고
돌아 가고 싶어라

할머니의 가을

엊그제 성턴 몸
늙어 병드니 서룹기만 하구나
이 양지의 저 구름 어디로 흘러 가나
그래도 욕심에 젊어지는 마음
앞 보다 뒷날이 더 바라보아지고
그 뒷날에 봄날이 아련히 스쳐 간다

그 세월에 여기를
무엇 하며 여기를 어떻게 왔나
몰고 온 세월도 툇마루의 양지도
나는 아나 어떻게 왔나
잎 털어내는 저 나뭇가지는 알까
떨어진 낙엽 굴러 눈 앞에서 엎어진다

낙엽의 양지

저무는 늦가을
가을이라 하기 보다
겨울 문턱에 가깝고
겨울이라 하기에
아직 남은 가을이다

며칠 후 저 단풍 다 지워지면
그때부터 찬 바람
추울 겨울이 아닌가
그래도 겨울 보다
봄 여름이 좋았고

가을은 그런대로
풍성해서 좋았다
이제 쌓일 눈에 찬 바람
추운 겨울을 어떻게 지내나
그때 처럼 그리 춥지 않아도

마음은 그때 처럼 추울 것인데
낭만의 낙엽 보다

긁어 불 피우기에 바빴던 겨울
누더기에 홋껍데기 얼마나 추웠나
먹는 것도 죽 한 그릇

허기에 배고팠고
긴긴 밤 배고픈 밤
무 고구마 꺼내어 먹던 날
늦가을의 된서리에
그 예고 되었던 겨울이 아닌가

아랫목 식어 갈 무렵
닭장의 닭 울음이 단잠 깨웠고
이 저문 벼 이삭의 늦가을
산과 들의 그 서룹던 날인가
늦가을의 저문 바람 그날을 부른다

고향의 양지

뒷산 단풍 지워지면
겨울이 올 것인데
바람도 차갑게
그렇게 불어 오고

추수 끝난 들녘도
잎 떨어진 나뭇가지도
쌓일 눈에 추운 겨울
그때 처럼 어떻게 하나

세월에 묻힌 그날
기억에 다시 춥고
소나무의 칼 바람
그 부엉이 울리겠지

가랑잎의 뜰

세월에 묻힌 그날
시절의 아픔인가
그 시간의 상처인가
잊혀지지 않는 날에
크고 작은 기억일까

흘러간 세월에
그렇게 묻혔고
가랑잎과 함께 모여
뜨락을 헤멘다
잊어야 하는 그날들

누구의 기억 속에
아직 남아 떠 오를까
웅달녘 양달녘
기억이 모으는 가랑잎
오늘도 그날도 함께 모여 쌓인다

겨울 맞이

움추리는 늦 가을
아침 저녁으로 하루가 다르고
부는 바람 시렵게 옷깃에 스며든다
드러난 나뭇가지에 떨어진 낙엽들
마른 낙엽 이리 저리 가볍게 구르니
쌓이는 낙엽마다 고향 생각 떠 올린다

이쯤 이맘때일까
텃밭에 수건 두른 우리 어머니
무 배추 뽑아 아버지 지게에 올리고
지게질의 아버지 우물둥치로 나르지 않았나
할머니 잔소리에 우리들 앙살 했고
그 시키는 일이 왜 그리 싫었던지
끝내는 아버지 무서워 그 심부름 다 했다

아가의 바다

오가는 밀물 썰물
바람 멎지 않았고
먼 섬 가까운 섬
날마다 그 섬이었다

먼 갯벌의 기다림
모래뭇에 묻던 날
바람 소리 파도 소리
두꺼비집에 넣었고

갈매기 들어 오면
엄마 얼굴 보일까
먼 갯벌에 까마득히
갈매기만 날았다

고향의 김장

겨울의 반 양식이라
오늘은 김장 하는 날
그렇게 보낸 겨울이
다시 돌아 오는가

빈 독에 가득 채울
김장 독 묻어놓고
설한에 눈 치우며
겨우내 꺼내 먹어야 할
이 김치독 항아리가 아닌가

무 구덩이 김치광 구덩이
어느 곳에 깊이 파묻어야 하나
터줏까리 아래에 묻을까
부엌 문밖 텃밭에 묻을까

막걸리 한 잔에 김치광 짓는 아버지
여자들의 몫 속넣고 버무려 한 곳에놓고
양지녘의 할아버지 몇둥치 이영 엮어
김치광 두를 준비 한다

포기 김치의 항아리 독
동침이 항아리
무 소박이 김치에 막버무림 항아리
붉은 호박 썰어넣은 찌게거리 항아리

이 독 저 독 채울 항아리에
비켜놓은 아이들의 포기 김치
딸네내 것 양념 더 많이
맛 없다 하면 어떻게 하나

남은 항아리 하나 지시레기나 넣을까
밤 늦게까지 준비하여
아침 일찍부터 담근 김장
맛 못 믿을 할머니 잔소리에 하루 해가 저문다

낙엽의 회고

곤두박질의 낙엽
쌓이는 낙엽에 그 시간을 묻어 두고
하나 둘 꺼내어 하늘에 올린다
바람 불어 구르면 구르는대로
소복이 쌓이면 쌓이는대로

시간 멀다 그 시간
늦 가을의 겨울 문턱 이제 추우니
이 추위에 떨어질 낙엽이던가
안 떨어질 낙엽이 어디에 있겠나
털어대는 찬 바람 밤 낮으로 불어대니

그 곱던 단풍 지고 며칠새에 찾은 겨울
무엇을 말 하는지 냉정함에 마음 빼앗긴다
봄 지나 여름 가을 기다린것도 아니 것만
때 되면 나오고 들어가는 것이 순리인지
들어선 겨울 문턱 온갖 마음 다 녹인다

겨울비의 뜰

늦 가을 끝자락에 초겨울이라
징검다리 건너 가면 눈이 될 것인데
무엇이 아쉬워 눈 아닌 비가 됐나
더러는 섞인 우박 여기 저기 나뒹굴고
쓸쓸하니 추운 비에 바람까지 불어댄다

남은 나뭇가지의 낙엽들 밤이면 떨어질까
떨어진 낙엽 비에 젖어 잠들고
몇 차례로   는 우박 두들겨 깨운다
이 비 멎고 바람 불면 다시 구를 것인데
초라하니 엎어져 무엇을 기다리는지

동무의 늦가을

동무야~
우리들의 뒷동산 잊지 않았겠지
올라오니 마지막 그 곱던 단풍이 지는구나
바라보는 먼 산도 벼 이삭의 들녘도
드러난 논 바닥에 그 찬 바람만 불고
이 낙엽 다 떨어지면 추운 겨울이 오겠지
그 쌓인 눈에 얼마나 추웠었니
연탄 아궁이로 바뀌던 날 그리 좋아 했던 너와 나
석유 곤로 불 붙이며 신기 했던 너와 나
그래도 너희 집은 석유 곤로라도 있었잖니
우리 집은 양은 빠께스 화로가 다 였고
곤로에 양은 냄비 올려놓고 달걀 훔쳐 쪄 먹던 날
그 기억도 이제 흐려지는구나
그래도 군불 때야 할 나무는 해야 했었지
춥기는 왜 그리 추웠었는지
이맘때 늦 가을 낙엽 떨어지면
찾아온 겨울 보다 더 시렵고 추운지
집집마다 저녁 연기 피어 오를때
허기에 배고픈 짐 나무 지게 내려놓고
그 굴뚝의 연기 바라보면 어떠 했었니

집에 가야 죽 한 그릇 그것이 저녁이었고
늦 가을 이쯤이면 그 옛날이 아니라
못 잊어서 그런지 그날들 같구나
마중 나온 검둥 개는 무엇이 좋아 그리 꼬리쳐 댔는지
쇠죽 솥 김 서릴 무렵이면 누렁이 소 침 흘리고
된장 찌게에 꽁보리밥
누렁이 소와 무엇이 다를까
김치 죽 콩나물 죽 조밥에 꽁보리 밥이든
그저 고픈 배 채우면 그리 든든 했었지
쌓인 눈에 보름 되면 달빛에 어리는 눈
부엉이는 안 그런가 울 뒤 부엉이 밤새워 울었고
바느질 어머니 다듬이질의 어머니
내 동생 업고 의원 집 찾아 가던 날
식어 가는 화롯불 위 목에 미뤄놓고
나는 아래목에 어머니 기다리다 잠이 들었지
동무야 어디에서 어떻게 잘 살고있는지
늦 가을 이맘때 이 쯤이면 흐려진 너의 얼굴
너와 나의 그날도 굴뚝의 그 연기도
모두 모두가 잊혀지지 않는구나
지금도 그 굴뚝의 저녁연기 아직 피어 오르겠지
동무야~

낙엽의 꿈

이제 그만 놓아도 되련만
저리도 끝까지 매달려야 하는지
나뭇가지가 못 놓는 것인가
아니면 낙엽이 안 놓는 것인가
언제인가 떨어지면 쌓이고 구를 것을

안 놓는다고 안 떨어질 것도 아니고
잡는다고 매달려 있을 것도 아닌데
끈질기게 저리 매달려야 했음은
시간도 세월도 다 놓친 아쉬움일까
이제 곧 쌓일 눈에 칼바람이 불 것인데

0시의 하늘

인생은 거짓
다 거짓

무엇이
당신의
진실이었습니까

인생은 거짓
다 거짓

그날까지
진실이
무엇이었습니까

징검다리의 계절

건너 오고 건너 가는
계절의 징검다리
그 곳의 냇가에는
맑은 물만 흘렀다

찾아와 지우고
다시 찾아 지우고
떠날때의 그 흔적
지워야 하는 것인지

철새의 고향도
피던 꽃의 하늘도
징검다리의 물과 함께
모두 잊고 떠났다

계절의 약속

요 며칠새에 바뀐 계절
시간인가 세월인가
사나흘 그 며칠에
바람 불고 비 오더니
드러나는 나뭇가지
앙상하니 떨고 있다

그 며칠에 바뀐 계절
그것이 시간이면
세월은 어디에 있나
지나 보니 그 잠깐
눈 안의 더운날 멀어지고
종이 얼음에 주눅드니
옛 겨울이 또 온다

옷 얇아 춥던 겨울
양지녘의 그 겨울
손 시려워 발 시려워
그날이 언제였나
먹는 것도 죽 한 그릇
그 긴긴 밤이 더 길었다

• 3부 •

사랑방의 겨울

이야기의 방
마실방의 어르신들
쇠죽 솥에 군불 때고
화롯불 가득 담아
안 오시는 어르신
궁굼해 하며 걱정 한다

손 넣어 젓는 막걸리 밤참
한 사발의 막걸리에
김치쪽 안주였나
얼근하게 마신 어르신들
이 이야기 저 이야기
누구의 집인들 이야기 안 할가

이웃 걱정 집안 걱정
내년 농사에 논 밭 걱정
짚어 기다리는 이웃 집 제사 날
혼인 날에 혼수 걱정은
누구의 집 걱정일까
한갑까지 겹친 걱정
눈 내린 밤 깊어 간다

굿 하는 날

우환이 잦은 동네
열흘 보름이 멀다 하고
굿 소리 들리니
그 굿의 징 소리에
우리는 안 그런가
조상의 묘가 잘못 됐나
이 집터가 세어 그런가
우리 이 집도 몇 년마다
앓다 죽어 나가는 집
어느 만신이 쫓을 귀신인가

소문의 만신 불러 굿을 해 보고
푸닥거리에 죽도 쑤어 버렸것만
잦아들지 않는 우환 앞산 여우 컹컹댄다

이 신 저 신에게 빌어 보는 어머니
그 마음에 할머니는 안 빌겠나
터줏까리에 청수 떠 올리고
장독대에 날마다 올리는 청수렴만
그래도 집안 우환 잦아들지 아니 하고

대감 항아리에 떡시루 올려도
집안의 안녕은 그렇게 기울었다

굴뚝의 그날

여름의 뒷동산은
시원 했었는데
그 바람의 겨울은
마음부터 시리다

저녁연기 모락모락
누구네의 굴뚝일까
저무는 저녁연기
지붕 높이 오르고

뉘엿뉘엿 지는 해
이제 그만 가야 하나
노을의 겨울 저녁
저녁연기 흩어진다

겨울 바다

흔적 없는 여기 이곳
누가 찾을 바다인가
누구라도 다녀 가면
그 흔적이 남으련만
바위섬만 쓸쓸히
먼 등대 바라본다

소라 조개 껍데기의
기다림의 미련인가
지난 여름 그 약속이
다시 찾을 흔적인가
밀려온 파도만이
쓸쓸히 돌아간다

겨울 낙엽

떨어져야 하고
놓아야 했다

그리고

굴러야 하고
굴려야 했다

그 다음

눈 내리는 날
그 눈에 덮혀야 했다

떠나는 가을

여름은 그렇게
맞이한 이 가을
곱게 물들어었는데
아니 물들여었는데

그마저 쓸쓸히
털어내야 하는
두드리는 겨울 문턱
이 낙엽 어떻게 하나

흐르는 구름도
차가운 바람도
추운 겨울 들어서면
양지 녘에 잠들겠지

겨울 나무의 그리움

허공의 파란 하늘 구름 더 높고
버리고 털어낸 나뭇가지 외롭다

겨울은 언제나 쓸쓸한 것인가
지나는 새라도 앉아 쉬어 가련만

차가운 바람만이 나뭇가지 스치고
외로운 나뭇가지 앙상하니 떨고 있다

춘몽의 밤

봄날의 청춘에는
내일이 많았는데
그 내일도 반 토막
뼘 마디에 걸리고
자고나면 걸린 것도
시계에 얹어진다

시계 소리 듣기 싫어
귀 닫고 눈 감은 밤
봄날에 그 많은 날
모두 다 어디 갔나
병든 몸에 보는 시계
초침 따라 날 짚힌다

11월의 구름

떠나는 11월
가을이라는 이름이 또 지워지는가
들녘 벼 이삭의 꿈 구름 따라 산 넘고
못 주워놓은 쌀 한 됫박 논 바닥에 묻힌다

추운 억새꽃
밭둑의 억새꽃은 안 그렇겠나
찬 바람에 흩어져 이리 저리 엉키고
구름의 시려운 날 나뭇가지에 걸친다

놓아야 하는
짧은 날에 곱던 단풍들
11월은 그렇게 지우고 버린 다음
12월의 하얀 눈이 모두를 덮게 해야 하는지

겨울 하늘

바라보는 저 먼 하늘
그리움 가득 하고
지난 날 하나 둘
구름 따라 흐른다
나뭇가지에 걸치는
그 어렵던 아픔들

아련한 날의 서로움인가
못 잊을 그 많은 상처
멀리서 다가 오고
이제 아무려야 할때
아물리는 이 양지녘
그 찬 바람 스쳐 간다

12월의 문턱

지나온 달 잊고 온
마지막달의 12월인가
여기까지 허겁지겁
어떻게 걸어 왔나
저무는 해의 12월
그 많은 날 잃고
마지막 달까지의 시간
그 하루 한 달의 기억
모두를 잃었다
무엇하다 12월까지
일터의 하루도
밖의 시간 한 달도
희미한 기억뿐
그 욕심의 하루 하루
채워진 것도 없고
미래의 내일도
빈 주머니에서 잠든다
별 보고 찾는 일터
해 질녘에 오는 집
그날들이 날마다

다람쥐의 쳇바퀴와

무엇이 다른가

노을의 얼굴

가버린 날의 미련인가
그 행복의 추억인가
지워야 할 미운 얼굴
노을 위에 얹어지고
바라보면 볼 수록
그리움만 쌓인다

그 아름다운 날의 그리움
잊는다 하면서 못 잊는 것은
미워도 못 잊을
둘만의 꿈이었나
노을의 그 약속
파도에 휩쓸린다

허공의 12월

저무는 하루는
내일이 있는데
바라보는 이 인생
그 내일이 없다

누가 나에게
내일이 있다 할까
나뭇가지에 걸쳐지는
껍데기의 그날

저무는 또 한해
나 어디에 와 있나
내가 나를 속인 세상
그 세월도 함께 했다

겨울 이야기

바다로 산으로
둘만의 행복은
춥지 않은 것인지
아름답던 날마다
나뭇가지에 걸치고
먼 산 멀리 그리움 다가온다

눈이라도 내리면
그 발자국 남길까
미련의 그 약속
구름 따라 산 넘는다

눈꽃 사랑

함박 눈 소복이
나뭇가지에 쌓이면
먼 그리움 다가와
눈꽃에 내려 앉고

내린 눈 밟으며
끝 없이 걸어가면
뒤 따르는 발자국
함께 가자 따라온다

누구와 이 길을
뒤 돌아 보면 있을까
아무도 없는 길
하얀 세상 멀어진다

고향의 겨울

장 항아리에 장 가득
쌀 가마니 쌓아놓고
쌀 채워놓은 마루의 뒤지
무엇이 부러울까

군불 짚혀 물 데우니
방 아래목 뜨겁고
담아놓은 화롯불에
된장찌게 끓는다

외양간 누렁이 소
문간의 검둥개
쇠죽 쒀 먹이고
개 밥그릇에 밥 채우니

되새김질의 소
꾸벅 꾸벅 졸고
눈 마주친 검둥 개
이리 뛰고 저리 뛴다

눈이라도 내리면
마실꾼 모일까
뚫어진 창호지 문밖
기다린 듯 눈 내린다

부엉이의 밤

아가야 울지마라
초승달 마중에는
그리 방긋 웃더니
칭얼대는 우리 아가
어디가 불편한가

찬 젖 먹여 체했나
밥물이 모자랐나
흑설탕 조금 넣어
그리 달지 않았는데

초승달 들어간 밤
별만 반짝이는구나
얼러도 울고 안아도 울고
칭얼대는 우리 아가
먹은 젖이 적었나

방 따뜻한 아래목
부엉이 우는 긴긴 밤
문풍지 들락 날락

부엉이는 울어도
우리 아가 울지마라

그리움의 꽃

사랑 하고 싶어도
사랑하지 못했어요
사랑한다 말 한마디
그말도 못했고요

멀어졌다 가까웠고
가까웠다 멀어지는
그저 바라만 보아야 하는
허공의 꽃이어야 하나요

그리움으로 남아야 하는
그날이 돌아오는 날
그날은 사랑한다
보고 싶다 해도 되겠지요

문풍지의 슬픔

눈보라에 칼바람
누구의 밤이 추울까
부엉이 울음 멎은 밤
세월이 시려웠고
시려운 그 세월에
문풍지 추워 울었다

흔들리는 미닫이
밤새워 누가 흔드나
짝 잃은 부엉이의 밤
그 부엉이 슬펐고
찢어진 창호지 문
칼바람이 더 울렸다

고향의 눈밭

하얀히 하얀 세상
추억 아닌 시린 눈
그렇게 많이 오더니

이제는 눈 내린다
웃음의 추억인가
나뭇짐의 그 뒷동산

하얀 눈길 딛던 날
바람 안은 나뭇짐
얼굴 시려워 울었고

길 잃어 넘어진 짐
못 일으켜 울었다
다시 일으켜야 했고

해질 무렵 오는 길
저녁연기의 노을
청솔의 나뭇짐 어두워졌다

• 4부 •

12월의 길

첫 날은 그런대로
한 달이 남았는데
기우는 이 한 달
끝 날이 다가 온다

기울면 모두가
끝이 되는 것인가
보름달 기울 듯
인생도 기울고

또 한해가 저무는
껍데기의 12월
무거운 마음의 길
오늘 이 하루에 얹는다

망향의 노을

세월을 탓 할까
그 시절을 원망 할까
몇날 며칠 굳힌 마음 떠나야 하나
고갯마루에 올라 내려 보던 날
나 자랐던 우리 초가 산 그림자에 가려지고
그림이 된 우리 동네 모두가 새롭다
마음이 바뀌면 다 그런 것인가
언제 살아더냐는 듯 앞 냇가부터 다르더니
놀던 곳 다녔던 곳 먼 들녘 모두 그림이 된다
앞 뒷산은 안 그런가 그 힘들었던 앞 뒷산
마음으로 내려놓은 짐이 짊어진 짐 보다 더 무겁다
어머니 따라 갔던 장터 길에 못박히고
굳힌 마음의 사계절 그 시간의 사계절
굳힌 마음은 그렇게 그 많은 세월을 한 몫에 보여 줘야
했는지
잃을 고향 버릴 고향 누가 나를 쫓아냈나
사람 구실 못 하게한 가난에게 물어 볼까
미운 사람 고마운 사람 그래도 정들어 스쳐 가는 얼굴들
버리고 잃은 고향 그 고향을 어찌 잊을까
국밥집 들릴때면 고향 생각에 눈물 나고

고향의 찔레꽃 봉숭아 맨드라미
겨울날 지붕 위 쌓인 눈까지
타향의 노을에 다시 한 번 얹는다

2019년의 송년

이 한해가 저무는가
일터에서 보낸 송년
몇 번의 송년이 내 앞을 스쳐 갔나
이 한해가 아니라
인생이 저물어간다
43년으로 마지막 저무는 일터
그 43년이 또 오겠는가
그렇게 보낸 주머니의 송년
무엇을 채우려 그렇게 보낸나
그래도 못 채워 아쉬운 시간
아쉽다 하기 보다 욕심에 노을 진다
더 채울 힘 없고 채우자 하니 시간 짧고
그 욕심의 노을에 어둠 밖에 더 있겠나
이 송년과 함께 떠나야 하는 일터
뚫어진 주머니를 왜 못 꿰메어야 했나
그저 허무한 생각뿐 나이만 채운 세월
욕심 빠진 주머니에 나이만 가득 찼다
셈에서 잊은 이 주름 어떻게 하나
굵어진 손 마디에 몸뚱이에게 미안 하다
검은 물감으로 감춘 흰 머리는 안 그런가

주름이 내민 이 나이를 어떻게 속일까
늙었다 듣기 싫어 거울 한 번 보는 마음
마음 보다 더 늙은 나의 모습에 주눅 들고
일터에서 잃은 젊음 누가 나를 젊다 할까
아니 젊다 한들 누가 나와 함께 할까
접어도 안 접히는 그 세월에 욕심의 날
인생의 송년 2019년에 싣는다

애마와의 이별

내 사랑 하는 말들아
나 이제 떠나야 하는거니
너희들과 몇 십년
그 세월이 너무 짧구나
추워도 더워도 함께 했던 너희들
이제 나 떠나야 하는구나
그것이 정년이고 시간이라면 어쩔 수 없지

채찍 휘둘러 무서워 했던 너희들
내 말 안 듣는다 짜증 냈던 나
사랑 하는 말들아 모두를 용서 하려무나
다 너희들을 위함이었어
그렇게 안 하면 너희들이 존재 할 수 없으니까
내 사랑 하는 말들아 미안해 미안해
나 없다 울지 말고 다른 사람에게 장난 하지마

그리고 너희들 눈빛 보며 무엇을 원하는지
나는 다 알면서 그렇게 할 수 밖에 없었어
먹는 밥도 조금 많이 굶기는 것도 그렇고
새벽 별 보며 함께 달렸던 너희들아

이제 접어야 하는 2019년의 12월이 마지막이 되는구나
일등하기 보다 건강 하고 그렇다고 꼴찌는 안돼
내 사랑하는 말들아 안녕~ 안녕~ 미안해 미안해

허공의 송년

산 봉우리에 머무는 듯
먼 산 구름 산 넘고
허공의 지난 날
이 마음 빼앗는다

이리 보면 이런 날
저리 보면 저런 날
그 많은 날 지냈어도
기억에 몇 며칠뿐

허겁지겁 지내온 날
무엇 하다 다 보냈나
옛날까지 겹치는
기우는 12월

쌓이고 쌓이는 날
한 몫에 떠 오르고
모으고 모은 기억
구름 따라 산 넘는다

콩밭의 미래

콩이 밭을 고르는지
밭이 콩을 고르는지
밭 많아도 못 심고
콩 많아도 못 심는다

다음이 없는 콩밭
밭 주인이 누가 될까
늙는 씨앗 묵을 콩밭
밭 주인 잃는다

12월의 오후

시간이 미는 그림자
양지녘 지우고
구름 속 오가는 해
서쪽 향해 달린다
저 서산 마루가 그리 멀었던가

오늘 하루 보다
또 한해를 갉으려 달리는 해
며칠 더 갉아야
이 한해를 다 갉을까

바람 차갑고
나뭇가지 쓸쓸하다
이제 저녁이면 굴뚝의 저녁연기
저 찬 노을에 바람까지
까치들 집 찾겠지

송년의 미련

숨 죽인 세상
멀어진 세월
나 여기에서
무엇 하고 있나

잃었던 기억 하나 둘
나뭇가지에 걸치고
없을 것 같은 다음
구름 따라 산 넘는다

송년의 새벽

그 많은 별 하나 둘
자취를 감추더니
남은 반달 홀로 남아
뒷산 먼동 부른다

드러나는 나뭇가지
산 넘는 기러기 떼
먼동의 기러기
어디로 가는지

반달 아래 기러기
산 넘어 멀어지고
머리 위 하얀 반달
새벽을 읽는다

인생의 송년

그렇게 보낸 송년이었것만
2019년의 송년은 왜 이리 더 쓸쓸한지
정년 일터의 탓인가
세월에 주눅일까
까치 짖음 까마귀 울음 귀에 담기 싫다
까치 짖음은 그런대로
까마귀는 오늘 따라 그리 더 낮이 떠 우는지
끝과 마지막이 울리는 인생
그 내일 줄어들고 다음은 더 짧다
거둬놓은 것 버리고 거둘 시간 없는 다음
그래도 다음 위에 그 욕심 얹어야 하나
양지어도 시려운 몸 음지에 몸 아프고
해 기울어 바람 부니 넘는 해 더 빠르다

구름의 산

떠났어도
계절은 다시 오것만
흘러간 세월은
왜 다시 못 오는가
구름이 아나
강물이 읽어줄까
밤 낮이 보낸 세월
나 여기가 어디인가

보내는 줄 모르고
기다렸던 밤과 낮
무엇을 기다리고
얻은 것이 무엇인가
보낸 것이 아니라
시간이 깎은 세월
보낸는지 깎았는지
구름만이 알고 갔다

화롯불의 송년

화롯불에 담긴 마음
손등에 얹어지고
내다보는 문밖
아무도 없다

이리 저리 쬐는 손
뜨거워 뒤집는 손
손금 따라 오는 그날
어느 곳 찾아 갈까

다시 뒤집으니
굵어진 손마디
그날이 딛고 가야 할
징검다리가 될까

두 손에 열 손가락
안 딛을 곳이 어디에 있나
널 뛰는 세월에 얹어진 그날
화롯불 식어가니
아이들이 기다려진다

찔레꽃의 송년

어느 해부터 찔레꽃이
가는 해에 묻어 갔나
여름도 있었고
가을도 있었다

그 여름 가을이 있다면
찔레꽃은 그림 아닌
기억 한 곳에 남아
첫 꽃으로 그렇게
연줄에 매달린다

기억의 찔레꽃
처음의 찔레꽃
그곳에 하얗게
아련히 피어난다

저무는 꿈

밝은 빛에 보는 세상
어둠의 밤도 있었다

길고 짧음은
세월의 것이요

담고 넣은 귀와 눈
그것은 버려야 할
마음의 것이 아닌가

무엇을 버리고
안 버릴 것인가
저물면 다 버려야 할
허공의 것인데

아궁이

넘는 해 뉘엿뉘엿
따뜻한 곳 그립고
바라보는 저녁연기
밥 한 그릇 올려진다

허기의 붉은 노을
누구네 집 찾을까
안은 바람 시렵고
누더기 얇아진다

속초

동명항의 전설인가
검푸른 바다 위 하늘 내려 앉고
높은 파도만이 시간을 깎는다

어제도 오늘도 그리고 내일
남은 시간이 얼마나 될까
얼마를 더 깎아 무엇을 남길까

깎인 시간 더 깎는 부서진 파도
밀려 갔다 다시 모여
더 높게 몰아친다

노을의 송년

끝이라는 한 글자에 주눅드는 마음
이것이 끝이고 마지막인가
보내는 것이 아니라 떠나는 것 같고
떠나는 것이 아니라 나만이 남는 것 같다

나만이 남아 있는 이 자리의 나
무엇을 보내고 떠났다 하겠나
거울 다시 문질러 나에게 묻는 마음
이 나의 모습이 그 대답인 것을

쪽방촌의 노을

세월아 나 어디에 데려왔니
사람의 운명은 알 수가 없는 것
처지가 바뀌면 다 이럴 것인데
누가 이 쪽방촌의 행복을 비웃으랴
인생이 아니라 일생이 따라 왔다

한 끼니 밥에 행복 하고
아프던 몸 안 아프니
표정에 웃음이 절로 나오나
욕심 얻을 힘 없고 비교에 눈 감으니
뜨고 지는 해 못 보아도　　찮다

그림 안 엊그제의 그 옛날
바라보는 이의 웃음과 무엇이 다를까
청춘의 한때는 이 몸도 그랬었다
찾는 이 없어도 이웃이 더 좋고
내 운명 앞에 내려놓으니 하루가 즐겁다

달력의 송년

그 한 번씩 찢어도 되련만
그래도 한 장 한 장 넘겨온 달력
무엇을 아끼려 그리 넘겼는지
통째 떼어 넘겨 보니 숫자로 가득 찼고
그 숫자 하나에 밤과 낮이 있지 않았겠나
몇몇 기억 빼고나면 다 잃어버린 날이고

그 안의 날에는 기다렸던 날
빨리 지났으면 하는 싫어 했던 날
돌아 오면 어떻게 하나 두려워 했던 날
그저 그렇게 무의미 했던 날

모두 모아 돌아 보니 욕심의 시간인데
그 욕심의 시간이라도 버려진 시간이고
이렇게 버려도 느는 것은 주름뿐
지나고 나니 너무 빠르고 허무 하지 않았나
멀고 멀었던 끝 달의 끝 시간인가
찢고 버려야 할 달력의 꿈이 될 것을

송년의 파도

기다려 찾아 왔나
보내서 떠났나
찾아 오고 가는 세월
누가 밀고 당겼나

가는 해에 싣는 마음
또 한해가 그 한해
오는 해에 싣는 마음
무엇이 없어질까

큰 욕심 작은 욕심
오는 세월 기다리고
가는 해에 잃은 욕심
부딪쳐 부서진다

송홧가루 언덕

초판 1쇄 발행 2023년 8월 14일

지은이 이원문

펴낸이 임병천
펴낸곳 책나무출판사
출판신고 2004년 4월 22일 (제318-00034)

주소 서울시 영등포구 신길3동 325-70 3F
전화 02-338-1228 **팩스** 0505-866-8254
홈페이지 www.booktree.info

ISBN 978-89-6339-713-9 03810